青春文庫

虫じゃないのに なぜ「蛙《かえる》」は虫へん？

日本人なのに答えられない漢字の謎

日本語研究会［編］

青春出版社

はじめに

□「影」と「陰」はどう違う？
□「鼻」の中に、なぜ自分の「自」が入っている？
□帽子や椅子に「子」がつくのはどうして？
□木が2本で「林」、3本で「森」。でも、ジャングルは「密森」ではなく「密林」、木が少なくても「憩いの森」を「憩いの林」と呼ばないのはどうして？
□「雷」は、なぜ雨の下に田んぼと書くの？
□「好（き）」も「嫌（い）」もなぜ女へん？
□「自重（する）」って、なぜ「自分の重さ」と書く？

……こんな疑問に、あなたはいくつ答えられますか？

「日本人なのに、ふだん使っている漢字のことを知らない」――そんな率直な感想から生まれたのが本書です。

ある日のこと、日本語教師をした経験がある仲間の一人が、以前、外国人の生徒からこんな声があがったことを話してくれました。

「〝かげで応援しています〟の〝かげ〟は、影と陰のどちらを使うんですか？

同じ読み方で違う漢字があるから、漢字って難しい～」

「陰は日の当たらないところで、影は日が当たったときにできる形や暗い部分だから、〝陰〟を使うのが正解だよ」

あれこれ言葉で意味を説明するよりも、79ページのように絵にすれば一目瞭然！　スッとわかってくれました。ここから漢字の謎をイラストで紹介する本書が生まれました。

ただ、漢字の語源や由来については諸説あり、この本に書かれた答えが絶対ではありません。でも、たとえば「森と林の違いは、木の多さじゃないんだ」とか、「魚介類を魚貝類とよく書き間違えてたけど、意味を知ったら納得！」と意外な発見があるはずです。

この本が「漢字のおもしろさ・楽しさ」に触れるきっかけになれば幸いです。

日本語研究会

虫じゃないのに
なぜ「蛙」は虫へん？

もくじ

第1章
虫じゃないのになぜ「蛙」は虫へん？
日本人なのに答えられない漢字の疑問

もくじ

第2章 「影」と「陰」はどう違う？

これを知ったら間違わない漢字の使い分け

第３章

数が多いことを「無数」というワケ

どうしてこう書くの？ 熟語の不思議

第4章
どうして「1個」を「1ケ」と書く？
へんな漢字の読み方・使い方に秘められた意外な由来

コラム

カバー・本文イラスト　坂木浩子
本文デザイン・ＤＴＰ　リクリデザインワークス
編集協力　二村高史

第1章

虫じゃないのに なぜ「蛙」は虫へん？

日本人なのに答えられない漢字の疑問

虫じゃないのに、なぜ「蛙《かえる》」は虫へん？

だれが見てもカエルは虫じゃないと思うけれど、
なぜ漢字の「蛙」は虫へんなの？

現代の分類学とは違っていて、昔の中国では蛙も虫の一種とされていた。動物のうちで、鳥、獣類、魚以外の小動物は、一くくりにして虫の一種としてまとめられていたのだ。だから、蛸（たこ）、蝸牛（かたつむり）、蝦（えび）、蠍（さそり）も虫へん。「蛙」のつくりの「圭（ケイ）」は、「ケーケー」という蛙の鳴き声に由来している。ちなみに、「蚊」はブンブン（文）と羽音がするから、「鳩」はクークー（九）と鳴くことから生まれたという説がある。

ケ
ケ
ははーん
蛙、蛙
か…

なぜ、「木」を囲むと「困」る？

「困」という漢字は、くにがまえに「木」が囲まれている形をしているけれど、これは何か意味があるの？

木が囲いのなかにあると、のびのびと大きくなることができないことから、「こまる」「むずかしい」という意味が派生したという。また、枠に木をはめて出入りできなくすることから「こまる」という意味が生じたなどという説もある。

「丼」は、なぜ「井」の中に点があるの？

井戸の「井」に似ているけれど、中央に点のあるのが「丼」という漢字。なぜ、これがどんぶり鉢を指すようになった？

もともと「井」と「丼」は同じ漢字。歴史的には「丼」のほうが正式の字だった。日本でもこの2つを同じ字として扱っていたが、近世になって「井」の字の形を、「井戸」にものが落ちた様子に見立てるようになった。そこで、井戸にものが落ちて「ドブン」という音がすることの連想から、この字を「どんぶり」に当てたというわけ。

あっ落としちゃった…
どぶん

なぜ、口の中に口で「回」る？

「回」という字は、□の中に□が入っているけれど、なぜこれで「まわる」という意味になる？

もの（とくに水）がくるくると旋回している様子を表す漢字。古代中国では渦巻きのように表記していることもあった。

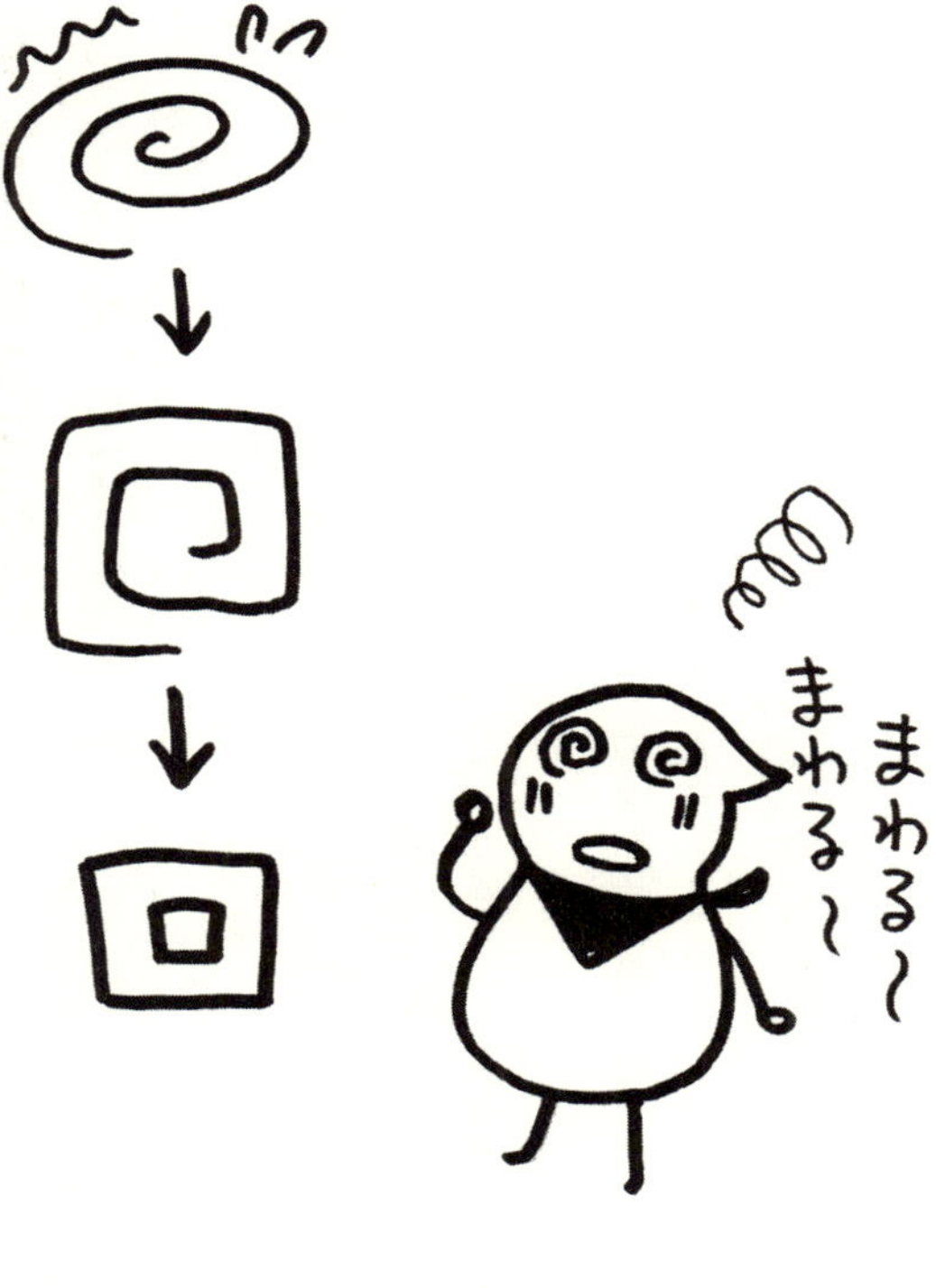
まわる〜
まわる〜

「道」は「首」と関係あるの？

「道」という字は、なぜしんにょうの上に「首」が乗っているの？

古代中国では、道というのは邪悪なものが行き来するところと考えられていたために、異民族の「首」を手に持ったり道に埋めたりして、はらい清めたところから、こうした字になったといわれている。

祓いたまえ
清めたまえ

なぜ、「鼻」には自分の「自」が入っているの？

「目」「耳」「口」といえば代表的な象形文字だけど、「鼻」は象形文字にしては複雑すぎるような気がする……。

じつは、人間の鼻をかたどったのは「自」という漢字。ところが、自分のことを指すときに、人指し指で鼻先を指さすことから、「自分」を意味するようになった。その代わりに、「自」の下に音を示す「畀」をつけることで、「鼻」という漢字ができた。

= 自
「自」は人間の鼻を表したものなんじゃ
へえー

「好（き）」も「嫌（い）」も、どうして女へん？

「好き」や「嫌い」になる対象は、女も男もあるはずなのに、なぜどちらの漢字も女へん？

「好」は、「女」＋「子」で若い女性の意味。そこから、「このましい」「すき」「よい」という意味が生まれた。一方、「嫌」の「兼」は、飽きる、倦《う》むという意味。女に飽きる、倦むということから「きらい」という意味が派生した。

女+子
=
このましい〜
女+兼
=
飽きたー

なぜ「山」＋「鳥」＝「島」になる？

長島さんと長嶋さんのように、シマを「嶋」と書いたり「島」と書いたりするけれど、なぜ「山」と「鳥」が合わさって「島」になるの？

もともと、「山」の上に「鳥」がとまっている様子を表す漢字「嶌」だった。海で渡り鳥がとまる山（岩礁）だから「島」というわけ。だから、「嶌」「嶋」「嶌」は同じ字。「嶌」の「灬」を省略して、現在の「島」という漢字になった。

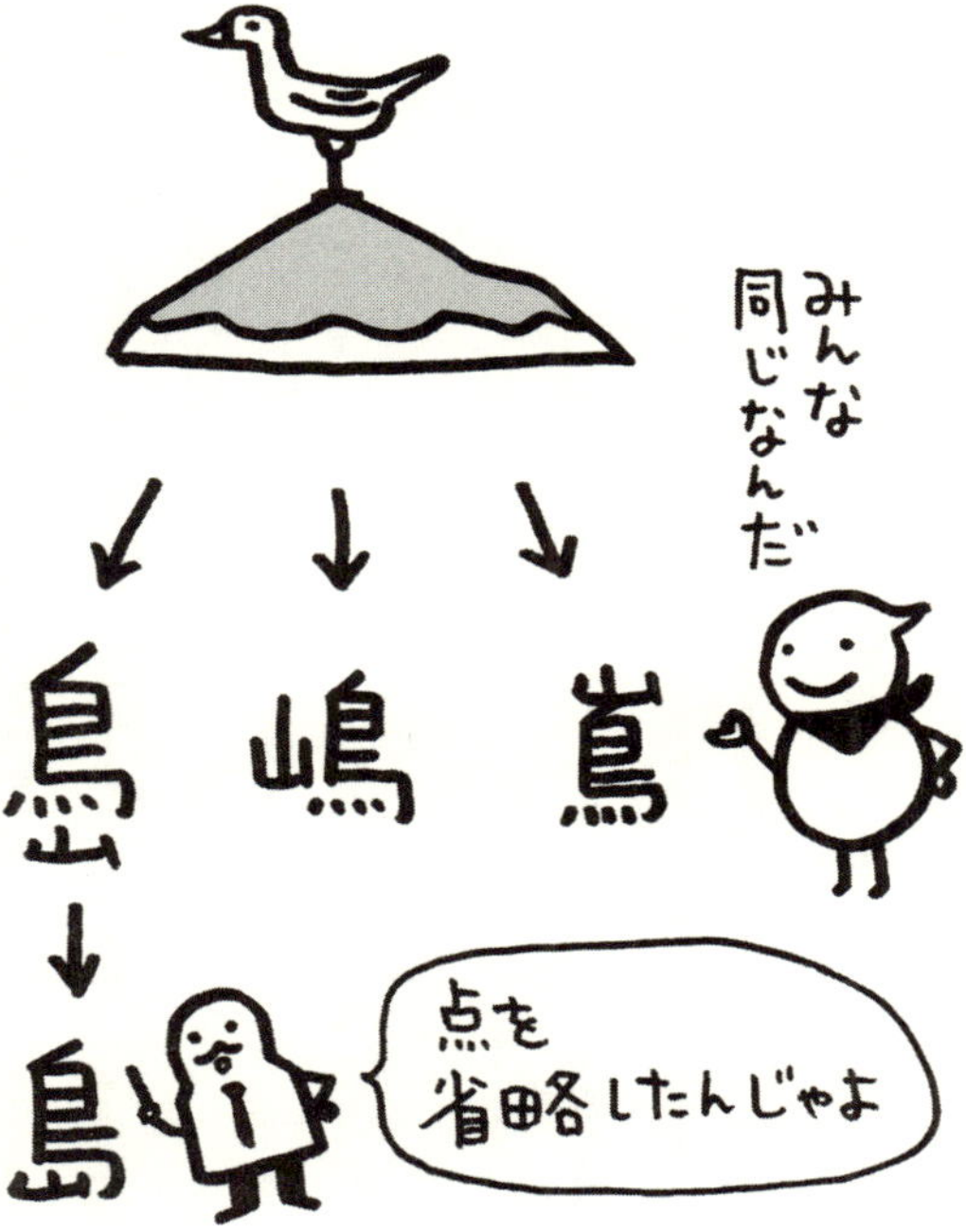
みんな
同じなんだ
鳥
嶋
嶌
島
点を
省略したんじゃよ

なぜ「祝」と「呪」は字が似ている？

「祝（う）」と「呪（う）」はまったく反対の行動だけど、なぜ字の見た目が似ているの？　書き間違えると大変なことになるんだけど…。

もともと、「祝」という漢字で「いわう」と「のろう」のどちらの意味も表していたため。やがて、「のろう」の意味は「呪」の字で表現するようになった。

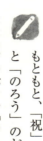

「祝」は いわうと のろうの両方意味した
祝
呪

「雷」は、なぜ雨の下に田んぼと書くの？

「雷」という漢字は、雨かんむりの下に「田」を書くということは、田んぼと雷は何か関係があるの？

確かに日本では、「いなづま」（稲妻）というように、稲の実りと雷は関係があると考えられていた。だが、漢字の「雷」は、それとは関係なく、もともとは雨かんむりの下に「畾」（田が3つ）を書いていた。「畾《らい》」は重なるという意味。稲妻の形が、直線を何本も重ねたようなギザギザの形で走るために、このような字となったようだ。

田が３つ
「かさなる」という
意味なんだ!!

なぜ、けものへんに虫で「独」りなの？

「独」という字は、けものへんに「虫」だけど、いったいけもの（獣）なの、虫なの？

「独」の旧字は「獨」で、やはり「虫」という字は入っている。旧字のつくりの「蜀」はイモムシという説や、雄のけものという説がある。それにけものへんがついた「獨」は、獰猛《どうもう》なけもの（とくに犬）を指すといわれる。そうした雄のけものは単独で行動することが多いために、「ひとり」という意味を表すようになった。

ひとりだ…
旧字体
獨
＝
オスのけもの
ガルルル
なんだよ

なぜ「法」はさんずい？ 水と関係があるの？

「法律」の「法」という漢字は、なぜさんずいがついている？ 水と関係があるの？

古代中国の裁判の制度に関係しているという。裁判の白黒をつけるために、羊や牛に似た「廌」（カイチ）と呼ばれる2匹の霊獣を争わせて勝負をつけ、負けたほうの霊獣は革袋に詰めて水に流し去られてしまったためといわれている。ほかにも説がある。

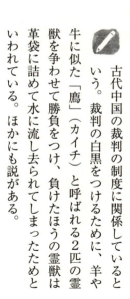

勝ち
負け

「森」は「林」より木が多い場所？

「木」が2本で「林」、3本で「森」。森は林より木が多い場所を示すのだと思っていたら、木が生い茂っているジャングルを「密林」、木が多くなくても「鎮守の森」「憩いの森」と呼ぶのはなぜ？

「森」は、もともとたくさん木が茂っている「様子」を表す漢字であって、木が茂っている「場所」を表すことばではなかった。転じて、木に限らず「ものが多い様子」を示すようになった。

日本語でいう「森」は、中国語では「樹林」というのが一般的だったが、現代中国では日本と同じ意味でも「森」を使うようになった。

多いなー

「医」は、なぜ「矢」が囲まれている？

「医」という字は、はこがまえの中に「矢」が入っている。なぜ、医学に「矢」が関係あるの？

医学がまじないだった時代を反映している。旧字は「醫」で、左上の部分をとったのが現在の「医」という漢字。これは、病魔を遠ざけるために、矢をまじないの道具として使っていたことに由来している。ちなみに、旧字の下の部分にある「酉」は酒の器のこと。まじないには酒も使っていたのだ。

ヒック
病魔退散

「葬」は、なぜ土へんではなく草かんむりなの？

葬式の「葬」という字をよく見ると、「死」が「艹」と「廾」にはさまれている。なんか深い意味がありそうだけど……。

「死」の上にある草かんむりと下にある「廾」を合わせて、原野を意味している。つまり、魂の抜けた亡骸《なきがら》を草むらに置いた様子を表すものであり、これは正式な埋葬ではないことを示している。このことから、遺体が風化するのを待って本格的な葬儀をするという、かつて日本にもあった風習が読み取れる。

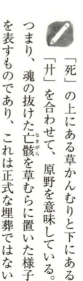

なぜ「毒」という字の中に「母」がある？

「毒」という漢字をよく見ると、「母」が含まれていることに気がついた。これはどういうこと？

もともとは、女性が厚化粧して飾り物をごちゃごちゃ身につけている様子を示す文字だった。それが、目の毒で人を害するというイメージから、やがて毒薬の意味にもなったといわれる。ちなみに、日本では「母」でなく「毋」を使っているが、中国では「母」を使うほうが正しい字とされている。

ごちゃごちゃ〜〜〜
毒

帽子や椅子に「子」がつくのはなぜ？

帽子、椅子、冊子のように、下に「子」がつくことばは何？　もともと子ども用だったということ？

この「子」は、ものを表す名前に添えられることば（接尾語）。「小さい、かわいい」という意味が加わる。「帽」だけで「頭にかぶるもの」という意味があるが、それに「子」がつくことで、大きな頭巾ではなくて、頭にちょこんと乗せるものというイメージが加わる。日本語の方言でいう、「どじょっこ、ふなっこ」「娘っこ」の「こ」のようなもの。

ちょこん
「子」は小さい、かわいいって意味！

結婚の「婚」のつくりは、なぜ黄昏《たそがれ》の「昏」？

「婚礼」「結婚」など、「婚」の字はめでたいはずなのに、なぜつくりに「黄昏」「昏倒《こんとう》」「昏睡《こんすい》」の「昏」を使う？

「昏」という漢字自体に悪いイメージがあるわけではない。「夕暮れ」「暗い」という意味の字。もともと、多くの国で結婚式（嫁入り）は暗くなってからはじめたもの。夕暮れになってから宴会をはじめたり、花嫁を家から連れて帰るといったことが行われていたため。

婚
氏
日
＝
日暮れ

なぜ「特」は牛へん？　牛と関係あるの？

「特別」の「特」という漢字は牛へんだけど、牛と何か関係があるの？

「特」という漢字は、もともと雄牛を意味していた。「たくましい雄牛」という意味が転じて、抜きんでている、優れているという意味になり、ほかとは違う「特別」「特殊」という意味になった。

こいつは
特別だ!!

「鼻を干す」と、なぜ「鼾《いびき》」になる？

「鼾」という漢字は、「鼻を干す」と書く。鼻はわかるけど、なぜ「干す」なの？

つくりの「干」（カン）は、いびきの音を示しているという説が有力。おそらく、いびきや寝息の「カー」という声からとったと考えられる。一方で、「干」には削るという意味があるので、鼻を削るような音を出すということで、いびきの意味になったという説もある。

いびきの音は
干《カン》がピッタリじゃ
カー
カー

「魚」3匹、「鹿」3頭、「羊」3頭で、一番臭いのはどれ？

漢和辞典を見ていたら、魚を3つ重ねた「鱻」、鹿を3つ重ねた「麤」、羊を3つ重ねた「羴」という漢字があったけれど、それぞれどんな意味？

「魚」が3つで「ギョギョギョ……」ではなく、「鱻」（セン）はもともと新しい魚の臭いを指し、それが新鮮な様子を示すようになった。「鹿」が3つの「麤」（ソ）は「粗い」という意味。鹿の群れは、羊と違って密集することがないので、粗いという意味になった。羊が3つの「羴」（セン）は、羊臭いという意味。

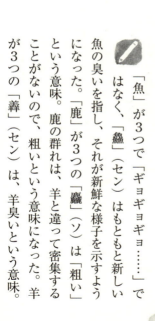

セン
羴
これだ
クサッ
悪かっためぇ〜

「芸」は草と関係あるの？

「芸術」「芸能」の「芸」という漢字は、草とはあまり関係ないように思えるけれども、なぜ草かんむりなの？

「芸」の正字である「藝」という字は「木を植える」という意味。だから、訓読みも「うえる」。「芸能」「芸術」など、元来の「芸」というのは、古代中国において植樹と関係が深い政治的、神事的な行為だったから、草かんむりがついている。

神事的な行為じゃ
藝

「杮落《こけら》とし」の「杮」は「かき」ではないって知ってた？

劇場の「杮（こけら）落とし」ということばがあるけれど、「柿（かき）」の字とそっくり。同じ字ではないの？

「杮」（こけら）とは材木を削ったくずのこと。建物の工事の最後に、屋根の削り屑を払い落としたことから、初興行を「杮落とし」というようになった。「杮」（こけら）の字は、つくりの縦棒が一直線に貫かれている。「柿」（かき）の字のつくりは、上に点を打ってから横棒を書き、巾を書く。ただし、中国の辞書にも両者を同じとするものもあり、現在のＪＩＳ規格では同じ形の字として扱われている。

柿とは
材木を削った
くずのこと
だったんだ
柿
こけら

なぜ、肺や腕の部首は「つきへん」ではなく「にくづき」なの？

「肺」「臓」「腕」「肥」など、へんに「月」を書くと「にくづき」といって体に関係ある漢字が多いけれど、なぜ「月」と「肉」が関係あるの？

「にくづき」の「月」は、お月様の「月」ではなく、もともと肉を表す象形文字が崩れたもの。動物の肉片に二本の筋がはいった姿を描いている。

なお、同じ形の「月」が部首でも、「期」「朗」「朝」の部首は、「つき」または「つきへん」と呼び、別物なので注意したい。

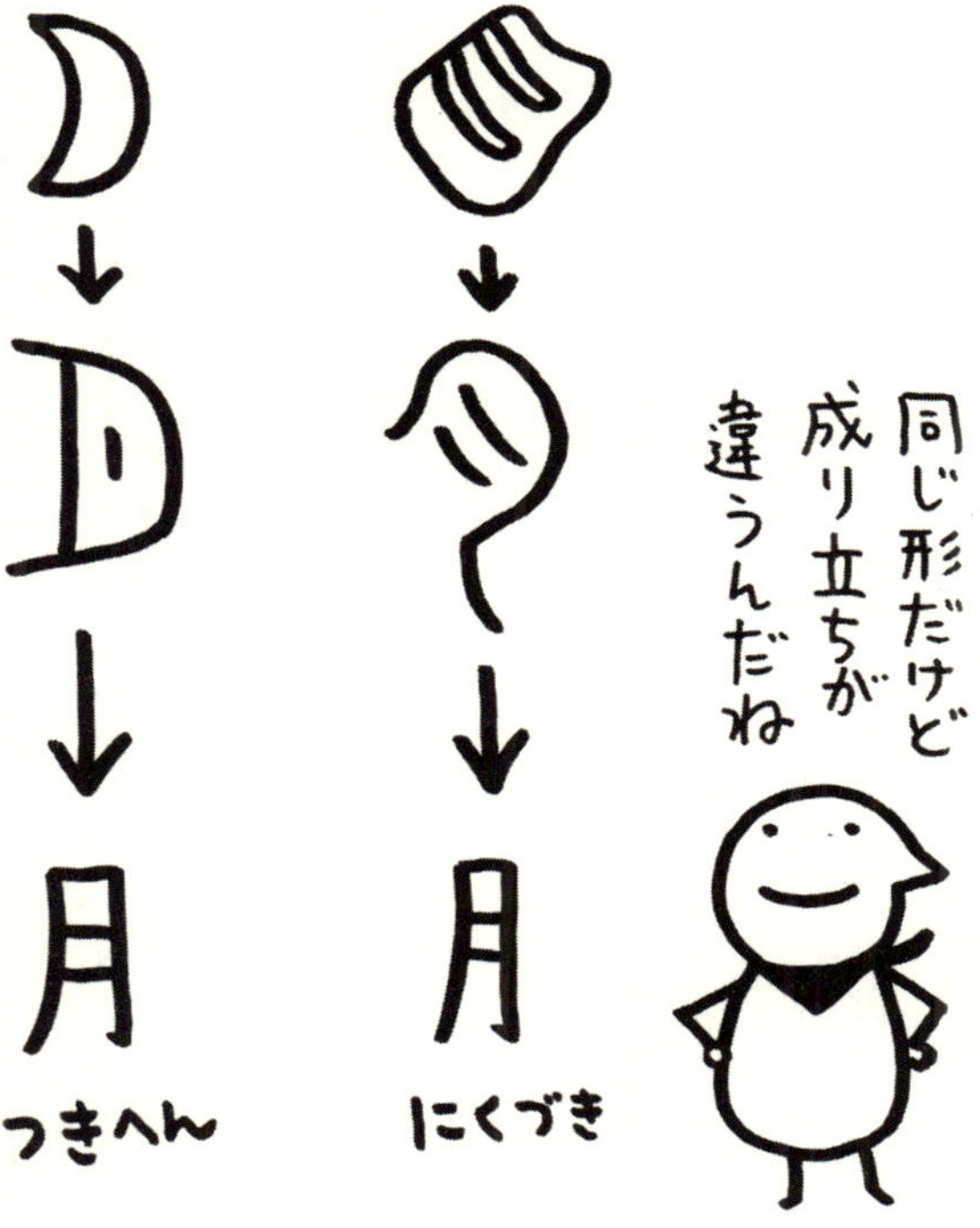
同じ形だけど
成り立ちが
違うんだね
つきへん
にくづき

中国では「鮎」はナマズのことってホント？

中国から来た知人と行った居酒屋で、鮎《あゆ》の塩焼きを注文したら、出てきたものを見て「これは違う！」と驚いていたが、なぜ？

獣や魚を示す漢字は、中国と日本とで違うことが多い。たとえば、中国語では「猪」は「ブタ」を指し、「鮎（あゆ）」は鯰（ナマズ）のこと。もっとも、鯰は見た目こそグロテスクだけど、身は白身で淡白な味がおいしい。一方、中国語で鮎のことは「香魚」と書く。

鮎です

拉麺（ラーメン）の「拉」は、なぜ拉致の拉なの？

大好物のラーメンの「拉麺」という漢字に、「拉致」の「拉」が使われているのは、違和感があるんですが……。

「拉《ら》」という漢字は、もともと「押しつぶす、引っ張る」という意味があるために、麺を扱う様子にたとえられた。また、「引っ張って連れて行く」という意味が派生して、「拉致」ということばに使われるようになった。

拉は
「押しつぶす」とか
「引っ張る」
という意味

憂鬱の「鬱」って、なぜあんなややこしい字なの？

「憂鬱」ということばは日常語としてよく使うのに、なぜあんなに複雑な字なの？

「鬱《うつ》」という漢字は、2本の柱（林）の間で香りの強い草を、ついている様子を表している。そこから、熱気がこもったり、蒸したりする様子に転じて、さらに、気がふさいだり、晴々しない気分を表すようになった。

一方で、「鬱蒼《うっそう》」という熟語にも使われるように、草がこんもりと茂っている様子も表す。

モワーン

「取」は、なぜ「耳」に「又」と書く？

「取」という字は、なぜ「耳」という字と「又」が組み合わさっているの？

「又」の部分は、もともと右手を表していた。つまり、右手で人間や動物の左耳をちぎり取っている様子を示す象形文字。古代中国の習慣で、戦いで討ち取った相手や捕らえた動物の左耳を取って数を記録することからきている。日本にも同様の習慣があって、「耳塚」はそうした耳を供養したもの。

取
耳塚

「荒」の中には、なぜ「草」と「亡」がある？

「荒」という字をよく見ると、くさかんむりがあったり、「亡」という字があったりして、おどろおどろしいけれど、何を意味しているの？

「亡」はまさに死体を表している。そして、下の3本の足のようなものは、髪の毛が残っている様子。そうした死体が打ち捨てられている草むらの状態を示すのが、「荒」という漢字なのだ。

荒
ゾゾー

じゃあ、なぜ動物じゃないのに「虹」は虫へん？

カエルやタコが虫へんなのはわかったけれど、じゃあ「虹」はなぜ虫へん？

虹は、その形から古代中国では蛇や龍のたぐいと考えられていた。そのために虫へんの文字となっているのだ。ちなみに、天気の具合によって二重の虹が見えることがあるが、濃いほうが雄の「虹」（音読みはコウ）、薄いほうが雌で「蜺」や「霓」（どちらも音読みはゲイ）とも呼ばれていた。

女へんの漢字は多い。「女」が二人でも三人でも漢字になる？

「女が三人寄れば姦《かしま》しい」というように、「女」が３つで「姦」。２つで「奻」という漢字はある？

漢字の世界は、数で見れば間違いなく女性上位。「女」を部首にした漢字は数多いが、「男」が入っている漢字は「甥」「舅」などごくわずか。もっとも、必ずしもいい意味で使われているわけではない。女３つの「姦」は「よこしま」、女２つ「奻」は「いさかう」という意味になる。お断りしておきますが、あくまでも古代中国人の発想です……。

第2章

「影」と「陰」はどう違う？

これを知ったら間違わない漢字の使い分け

「影」と「陰」はどう違う？

訓読みではどちらも「かげ」と読むけれど、
漢字の「影」と「陰」には違いがあるの？

「陰」という漢字は太陽が雲におおわれる様子を表しており、何かに光がさえぎられた「日の当たらないところ」を指す。「影」はそれに加えて、人や物に日が当たったときに、その裏側の暗い部分にも使う。そこから、「外面に現れない中身」「まぼろし（幻影）」「おもかげ（面影）」、さらに形そのものとして「人影」のような意味に広がっていった。

陰

影

「町」と「街」はどう違う？

「町」と「街」は、どちらも訓読みは「まち」で区別がつきにくいけど、意味に違いはあるの？

日本語でははっきりとした区別はないが、漢字の起源から考えるとニュアンスがやや違う。「町」は、「田」があることからわかるように、田んぼの区画がもとになって、人が集まる場所を指している。「街」は、「街路」ということばからもわかるように、中央の「圭」が交差点を示していることから、道路を中心に町（街）ができていくイメージ。

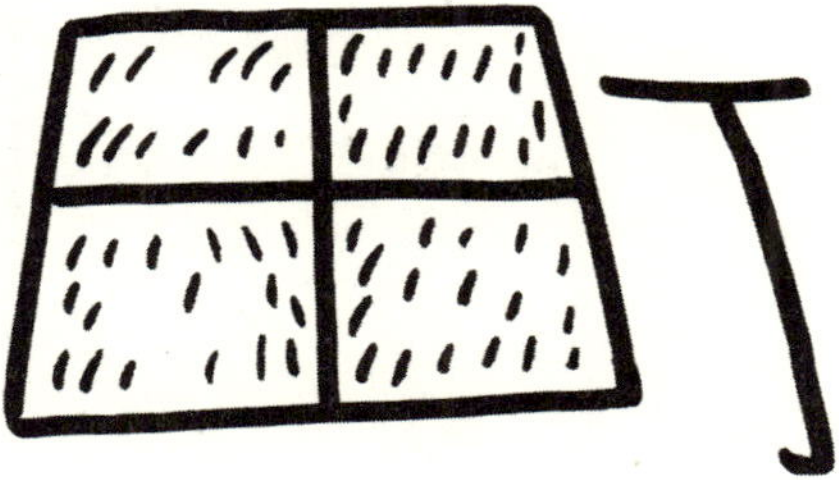
町

街

「川」と「河」はどう違う？

同じ流れる「かわ」でも、「川」と書いたり「河」と書いたりするけれども、どこが違うの？

「川」は小学校でも習うように、水が流れている様子を表す象形文字。これに対して「河」は、古くは「黄河」を指していた。つまり、「河」といえば黄河のことだったわけ（ちなみに、「江」といえば長江＝揚子江だった）。やがて、大きな川を一般的に「河」と呼ぶようになったために、ほかの河と区別するために「黄河」と呼ばれるようになった。

川
河
大きい〜
河＝黄河だったんじゃ

「越」と「超」はどう違う？

「越（える）」と「超（える）」は、訓読みが同じだけじゃなくて、字の形も似ているし意味も似ている。どう違うの？

2つの字の違いは、「戉」と「召」の部分。古代中国では、「戉」の読みは「遠」に通じるので、遠くのほうに越えていくイメージがある。それに対して「召」の読みは「跳」に通じるので、上のほうに高く超えるイメージがあるという。日本語でもその意味が多少残っているのか、能力や機能などの抽象的な意味では「超」を使うことが多い。

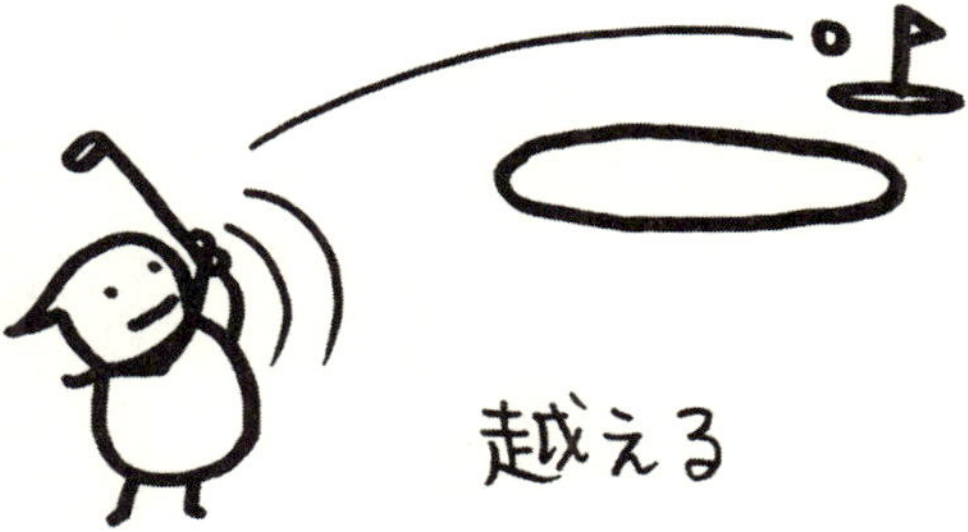
越える

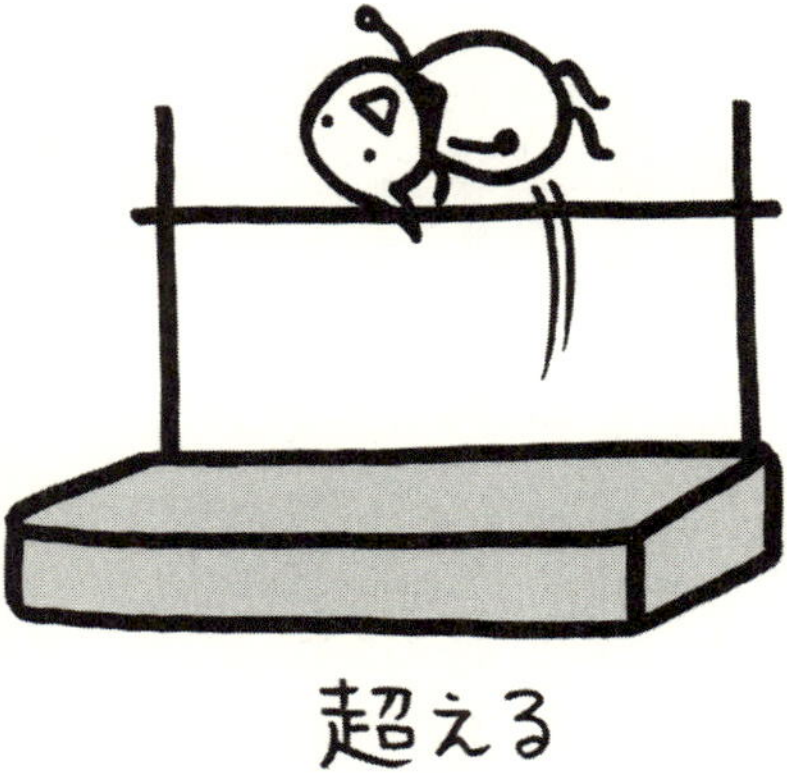
超える

「呆然」と「茫然」はどう違う？

「呆然」と「茫然」は同じ読みだけど、意味は違うの？

「呆然」は、「あきれる、おろか」という意味の「呆」が使われていることからもわかるように、「思わぬ出来事に出合って、あきれはてている様子」「気抜けしてぼんやりとしている様子」のことで、人間の様子に使われる。それに対して、「茫」という字は「遠くはるかに広がる様子」「とりとめなくぼんやりしている様子」で、主に風景や雰囲気に使うことが多い。

ただし、共通点もあるために混同して使われることも多い。とくに、「呆」という字の悪いイメージを避けて、人間の様子にも「茫然」を使うことが最近では増えてきた。

呆然
あ・・・

茫然
・・・

「目」と「眼」はどう違う？

同じ「め」を指す漢字に、「目」と「眼」の2つがあるけれど、これはどう使い分けられているの？

ものを見る器官の「め」という意味では、どちらも同じように使われている。ただし、専門用語では「眼科」「眼球」「眼孔」など、「眼」を音読みにして「ガン」を使うことが多い。形の似たものに比喩的に使うときは、日本では「眼」を使わずに「台風の目」「魚の目」などを使うが、中国語ではそれぞれ「台風眼」「鶏眼」というように「眼」を使っている。

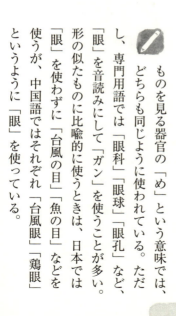

眼科
○○眼科クリニック

台風の目

「臣」と「民」はどう違う？

「臣民」ということばがあるけれど、「臣」と「民」はどんな違いがあるの？

その由来はまったく違っている。「臣」は、しっかりと目を見開いた様子を表す象形文字で、君主に仕える賢い家来という意味。

一方、「民」は、片目に針を刺した様子を表す象形文字。これは、片目をつぶされた奴隷や被支配民族の人びとを示している。それが、やがて官位のない普通の人を指すようになり、そのまま現在でも一般の庶民を表すようになった。

やりきれないね
臣
しっかりやれ
ギャッ
民

「皮」と「革」はどう違う？

「皮革」ということばもあるように、「皮」と「革」は似たような意味で使われて、どちらも訓読みは「かわ」。どこが違うの？

共通して使うこともあるが、一般的に加工していないものや動物・人間の体表についているのが「皮」、加工したものや動物からはがした状態のものが「革」という使い分けがある。どちらも象形文字で、「皮」は動物の皮を手ではぎとる様子を、「革」は頭から尾まではいで広げた様子を表している。

皮

革

「元日」と「元旦」はどう違う？

「元日」と「元旦」はどちらも1月1日のことだと思っていたけれど、どこか違いがあるの？

「元日」は1月1日のことだが、「元旦」は元日の朝のこと。これは、「日」と「旦」の字の起源を考えてもわかる。「日」は太陽をかたどった象形文字であることはよく知られている。これに対して、「旦」の下の横棒は地平線や水平線。そこから太陽が顔を出しているのだから、朝を示すことがわかる。「旦暮《たんぼ》」という熟語は、朝と夕暮れという意味。ただし、雲を破って太陽が出てくる様子を示しているという説もある。

元日
1
1月

元旦
元日の
朝限定！

船の数え方で「隻」と「艘」とはどう使い分ける？

船の数を数えるときは、「一隻、二隻……」というときと、「一艘、二艘……」というときがあるけれど、どうやって区別するの？

一般的に、「隻」を使うのは大きな船。「艘」を使うのは小型の舟と考えておけばよい。ヨットや競艇用のボートなどは「艇」を使う。

ところで、「隻」は、もともと1羽の鳥を手にしている様子を表す漢字だった。転じて、対をなすものの1つという意味に使う。対をなすものが2つ揃っていると「雙」（ソウ＝双）になる。「隻眼」は片目、「雙眼」は両目のこと。「雙」は2羽の鳥を手にしている様子を示している。

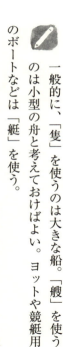

隻
艘

第3章

数が多いことを「無数」というワケ

どうしてこう書くの？　熟語の不思議

「無数」は、数がないはずなのに、なぜ「多数」の意味になる？

「無数」というと数がないから、ゼロじゃないかと思うんだけど、なぜ「たくさん数がある」という意味になる？

「無数」というのは「数がない」というのではなく、「数えきれない（ほど多い）」という意味。だから、「天空に無数の星が見える」という使い方をする。似たような意味のことばとして、「無量無数」という四字熟語もある。

無数＝数えきれない…
カチカチカチ…

「物色」が、なぜものを探すという意味になる？

ものを探すときに「物色する」ということばを使うことがある。あまりいいイメージじゃないけれど、そもそも「物」と「色」の2文字でなぜそんな意味になる？

元来は、文字通り、物の色や景色を指すことば。その意味が広がって、姿や形も指すようになり、やがて「姿や形を見極める行動」にも使われた。そこから、「手頃なものを探す行為」にも用いられるようになったのだ。ほかに、「動物の毛色を見定めて生贄《いけにえ》を選ぶ」という意味のことばだったという説もある。

物ヨシ
色ヨシ、
形ヨシ！
値段ヨシ!!
これで!!
物色中…
¥520
¥2000
¥30000

フグは海にいるのに、なぜ「河豚」？

フグは漢字で「河豚」と書くけれど、海の魚じゃなかったっけ？

中国では海ではなく河川に生息するフグが一般的であったことから「河」が使われ、それがそのまま日本にも伝わった。

同じ「豚」の字を使う生き物でも、中国では河に棲むのが「河豚」（フグ）、海に棲むのが「海豚」（イルカ）というわかりやすい区別なのだが、日本のフグは海に棲むので話がややこしくなってしまった。もっとも、揚子江には淡水に棲むイルカがいて、これは「河海豚」（カワイルカ）と書くからさらに混乱してしまう。

中国では
河にいた
からだよー

「羊羹《ようかん》」には、なぜ羊が出てくる？

羊の肉が入っているわけでもないし、形が羊に似ているわけでもないのに、なぜ羊羹《ようかん》には「羊」の字が使われているの？

「羹」は「あつもの」、つまりスープのこと。もともと「羊羹」は羊肉を煮込んだスープだったのだ。これが冷めると、肉に含まれるゼラチンによって固まり、煮こごりのようになる。それにならって、日本の禅僧が精進料理として、羊肉の代わりに小豆を使ってつくったのが和菓子の羊羹のはじまりというわけ。

羊の肝臓に似せた中国の菓子「羊肝餅」が起源だという説もある。

昔は羊のスープ(あつもの)だった!?

「金に糸目をつけない」の「糸目」って何？

「金に糸目をつけない」というと、制限なくお金を使うことだけど、いったいこの「糸目」とは何？

もともと「糸目」というのは、空に揚げた凧のバランスをとるために、凧の面につける何本かの糸のこと。糸目のついていない凧はバランスが悪く、うまくコントロールできないから、勝手にどこかに飛んでいってしまう。そんな様子から、「金に糸目をつけない」というのは勝手きままにお金を使う様子を指すようになった。

糸目をつければ
勝手に飛んで
いかないよ
待って-

顔が青ざめてしまうのに、なぜ「赤貧」？

とても貧乏な様子を「赤貧」というけれど、なぜ「赤」なの？　むしろエネルギッシュな感じもするけれど？

「赤」の字は、色を示すほかに、何一つ余計なものがない様子、すべてを失った様子も意味することがある。現代日本語では、「赤貧」のほかに「赤裸々」がその意味で使われている。「赤の他人」「真っ赤なうそ」というのは語源が別。やまとことば（和語）の「あか」が、「あきらか」という意味を含んでいることから、「明らかな他人」「明らかなウソ」という意味で使われてきた。

これが〝赤〟の状態
何もないよ～

「自重する」って、なぜ「自分の重さ」と書くの？

子どものとき、「自重」という字を見て自分の体重のことかと思ったんだけど、そうじゃなかった……

ここでいう「重」は、具体的な重さをいっているのではなく「重んじる」という意味。だから、「自重」と書いて「自らを重んじる」、要するに「品性を保つ」という意味になるわけだ。ちなみに、トラックや鉄道貨車で、荷物・貨物を積んでいないときの重さのことも「自重」と書くが、これは「じじゅう」と読む。

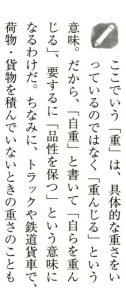

「重さ」じゃなく
「重んじる」
ことじゃ！
ちがうの？

「人の間(人間)」が、なぜ「人」のことを示す?

「人間」というのは「人の間」という意味だけど、なぜそれが「人」の意味で使われているの?

「人間」は、もともと「世の中、俗世間」という意味で、唐の詩人・李白の有名な「山中問答詩」にも出てくる。のちに仏教用語として日本に伝わり、江戸時代になって「人」の意味でも使われるようになった。「世の中」の意味では、「じんかん」と読むのが一般的。

もともとは俗世間という意味なんじゃ
人間
じんかん
=
世の中

「着服」は、なぜ「服を着る」と書くの？

日本語学習中の外国人に、「着服は単に服を着ることじゃないんですか？」と聞かれたけれど、言われてみれば確かに不思議な熟語……。

「着服」が「他人の金品を勝手に自分のものにすること」という意味で使われるのは、日本のオリジナルで、中国人には通じない。語源として、「他人のものを自分の服の懐に入れるから」「自分の服を着るのと同じように、他人のものを自分のものにしてしまうから」などの説もあるが、はっきりとはわかっていない。

あっ
着服

嫁が転ぶと、なぜ「転嫁」？

責任を「転嫁」するという言い方があるけれど、なぜ「嫁が転ぶ」「嫁を転がす」ことで「転嫁」という意味になるの？

「嫁」という字は、夫の家に「とつぐ」「嫁入りする」という意味のほかに、「ほかのところにやる」という連想からか、「なすりつける」という意味がある。「転」にも「転勤」「転居」のように、「ほかに行く、やる」という意味があるので、この2つの字が重なってできた熟語が「ほかになすりつける」という意味になったと考えられる。

全部あの人のせいです
転じて
嫁する（よそへやる）

「図星を指す」の「図星」って、どんな星?

相手の心の中を言い当てることを「図星を指す」というけれど、この「図星」ってどんな星のこと?

「図星」とは、弓の的の中央にある黒い丸の部分。まんまんなかを射抜くことから、相手の心の中心にあることがらを言い当てることにたとえる。

○○ちゃんが
好きなんじゃろ？
図星!!

建物の完成を「落成」と呼ぶのはなぜ？

「落成」というと、できあがるというよりも、できたものが落ちてしまうようなイメージだけど、なぜ「完成」や「竣工」と同じ意味で使うの？

「落」という漢字には「おちる」のほかに、「ものを制作して、それが完成したときに行う儀式」という意味がある。実際に、中国の古典『詩経』には、建物ができあがると宴会を開いて、酒や食べ物を屋根から落とす「落」という儀式をしたという記述がある。

できあがったぞ〜
落
ワ
ワ

火葬を意味する「荼毘《ダビ》」って、なぜ「茶」に似た字が使われている？

亡くなった人を火葬することを「荼毘《ダビ》に付す」というけれど、この「荼毘」は何？

仏典を漢語訳するときに、サンスクリット語で「火葬」を意味する「ドゥヤーパヤティ」の音を訳したことば。「荼」は「茶」と似ていて間違いやすいので注意……ということまではよく言われるが、似ているのも当然で、「荼」は「茶」の一種。苦い茶、あるいは毒のある茶を意味している。

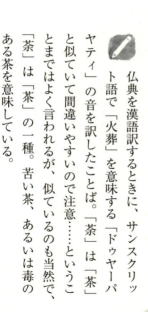

dhyāpayati
茶毘!?
毒入り

「指南」はなぜ「南を指す」と書く？

「指南」という熟語は、「南を指す」と書いて、なぜ人を教え導くという意味に使われるの？

中国古代で発明された「指南車」が語源。指南車とは車上に人形が置かれた装置で、最初に南の方角を設定しておけば、歯車のからくりによって、どこに移動しても人形が南を向くように作られていた。そこから、人を導いたり教えたりする意味で指南ということばが使われるようになった。

South
あっちだ
指南車
ガラガラ

「独壇場」ってどんな場所？

「デジカメ製品は日本の独壇場だ」という言い方をよくするけれど、「独壇場」ってどんな場所なの？

じつは、土へんの「壇」（ダン）じゃなくて、手へんの「擅」（セン）が本来の字で、「どくせんじょう」と読む。「擅」は「ほしいままにする」という意味だから、能力が他を圧倒して独り舞台である様子をいうわけだ。

ほしいままにするぜ
擅
キャー
キャー

「無病息災」の「息災」の意味は？

「無病息災」ということばがある。「無病」はわかるけれど、「息災」って何？　むしろ災いがふりかかってきそうだけど……。

「息」という漢字の意味がポイント。単に「呼吸」の意味だけでなく、「息を休める」「消える」「安らかにさせる」という意味もある。だから、「息災」で「災いを消す」ということ、つまり「無事で過ごす」ことを表すのだ。

これで無事で過ごせるわい
フーッ
災

油を断つことがなぜ「油断」になるの？

「油断」という字を見ると「油を断つ」という意味に読めるけれども、これはなぜ？

有力な説は、万葉集にも出てくる日本の古語の「ゆたに（寛に）」が転じたというもの。ゆったり、のんびりしている様子を表すことばで、それが気を緩めることや注意を怠ることにつながったという。また、仏教の教典「涅槃《ねはん》経」に、ある王が家臣に油の入った鉢を持たせ「油を一滴でもこぼしたら命はないぞ」と命じたという話があり、それに由来するという説もある。

ゆったり（油断）
大敵!!
ウズウズ
グーグー

「挨拶」って、なんでこう書くの？

あいさつはものすごく日常的な行為なのに、漢字で書くと「挨拶」という非日常的な難しい字になるのはなぜ？

じつは、「挨拶」という熟語は日本で生まれた和製漢語の一種。だから、中国人に見せても通じない。

「挨」も「拶」も、「迫る」「押しつける」などの意味がある。そして禅宗では、いわゆる禅問答で相手の修行の度合いを探ることを、「一挨一拶（いちあいいちさつ）」と呼んでいた。

つまり、接近戦で押し合いもみあいして、相手のレベルを測るわけだ。これが一般に広がり、相手の様子をうかがったり交流を深めたりすることを、「一挨一拶」を略して「挨拶」と呼ぶようになった。

挨拶？
押す
迫る
できるな
ムッ!? なかなか…

「躑躅（ツツジ）」は花なのに、なぜ足へんばっかりなの？

春たけなわを感じさせる美しいツツジの花。それなのに、なぜ漢字で書くと「躑躅」という色気のない難しい熟語になるの？　しかも草かんむりじゃなく、足へんだし。

「躑躅」はテキチョクと読み、「たたずむ」「躊躇する」「行ったり来たりする」という意味。「ツツジ」を表す漢字として使われたのは、羊がこの花を食べるとその毒に当たり、酔ったようによろよろと歩くためといわれる。そのため、当初は「羊躑躅」と書かれていた。現代中国では、ツツジの種類にもよるが、「映山紅」「杜鵑花」などと書くのが一般的。

羊躑《てき》躅《ちょく》
足がヨロヨロ
フラフラ

「牙城」とはどんなお城？

「○○市はライバル社の牙城《がじょう》だ」という言い方をするけれど、なぜ「牙の城」が本拠地や勢力地の意味になるの？

「牙城」は、「牙旗《がき》」がひるがえっている城という意味。「牙旗」とは天子や将軍の旗のことで、旗竿の頂きに象牙を据えていることからいう。そこから、「牙城」は本陣や本拠地の意味となり、さらには組織の本社や中枢がある地区、活動が活発な地域にも使われるようになった。

牙旗
行けー

政治家がよく使う「粛々」に上から目線の意味はある？

「粛々《しゅくしゅく》と進めて参ります」という言い方をよく政治家がするけれど、この「粛々」の意味は？

「粛」という漢字は、もともと盾に文様をつけることを示し、そこから「厳かに飾る」という意味が派生。やがて、「ひきしまって厳かな様子」「つつしみうやまう様子」を意味するようになった。その漢字を2つ重ねた「粛々」も同様の意味だが、最近ではむしろ「周囲の反対を省みることなく強引に推し進める」という方針をスマートに表現できることばとして、政治家が好んで使うようになった。

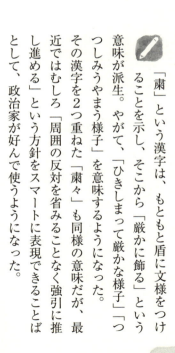

おごそかに
粛々と進める
反対

「敗北」は、どうして「北」なの？

戦いや勝負に負けることを「敗北」というけれど、なぜ「北」なの？　方角と関係ある？

「北」という字は、２人が背中合わせになっている形を表したもの。かつては方角とは関係なく「背」の意味を示していた。太陽に「背く」という意味で、南とは反対の方角を指す字として使われるようになった。「敗北」の「北」には、もともとの「背」の意味が残っていて、相手に背を向けて逃げることを指している。

背（北）を向けて逃げるな!!
北
ひえ〜

「魚貝」じゃなくて、なぜ「魚介」？

魚や貝全般を指すときに「魚介類」というけれど、なぜ「魚貝類」じゃいけないの？

「介」という字は、前後によろいをまとった人の様子を表す象形文字。そこから、エビやカニなどの甲殻類を指すようになった。現在では「魚介」というと、さらにウニやナマコなども含めた水産物全般を指している。「魚貝」では、甲殻類やウニが含まれなくなってしまうのだ。

あいつらと
同じだぜ〜
介
↓
介
よろい

「蘊蓄」は垂れる？傾ける？

知識を周囲に出すことを「蘊蓄（ウンチク）を垂れる」とか「蘊蓄を傾ける」などというけれど、どちらが正しい？この熟語はどういう意味？

「蘊（薀）」は「積む、たくわえる」という意味、「蓄」も「たくわえる」を意味する。この2つが組み合わさった「蘊蓄」という熟語もまた、「たくわえる」という意味で古くから使われていた。

日本でも「たくわえる」の意味で使われていたが、やがて「研究して蓄えた知識」をもっぱら意味するようになり、その知識や教養を周囲の人に示すことを「蘊蓄を傾ける」というようになった。「蘊蓄を垂れる」「蘊蓄をひけらかす」などの表現は、本来誤用。

第4章

どうして「1個」を「1ケ」と書く？

へんな漢字の読み方・使い方に秘められた意外な由来

「1個」「1箇月」の「個」や「箇」の代わりに、なぜ「ケ」を使う？

「1個」の代わりに「1ケ」、「1箇月」の代わりに「1ケ月」と書くことがあるが、この「ケ」は何？

この「ケ」は、「箇」の竹かんむりの片方を抜き出した略字。だから、カタカナの「ケ」とは由来が違う。「ケ」以外にも、以前は「个」という漢字を使っていたこともあった。

ケ
カタカナの「ケ」じゃないよ
←りんご１ケ

「甲・乙・丙・丁」は、なぜ成績や順序に使われる？

「甲乙つけがたい」というように昔の成績表に使われたり、ものごとの順序や契約書の当事者を指すときに使われるのが、甲、乙、丙、丁という漢字。なぜ、この漢字を使うの？

これは、干支（十干十二支）の「十干」に当てられている「甲・乙・丙・丁・戊・己・庚・辛・壬・癸」のうちの最初の4つの漢字。「甲・乙・丙・丁」は、日本語の訓読みでは、それぞれ「きのえ・きのと・ひのえ・ひのと」と読む。

十干
庚
辛
壬
癸
甲
乙
丙
丁
戊
己
十干の中の4つだよ

文書を数えるとき「頁」と書くのはなぜ？

本やパンフレットのページを表すときに、「頁」という漢字を使うことがあるけれど、なぜこんな漢字を使うの？

メートルを「米」、グラムを「瓦」と書くのと同じことで、幕末から明治にかけて、外来語の単位を漢字で表すために使われるようになった。もともとは中国大陸で使われていたものを借用した。

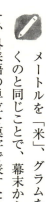

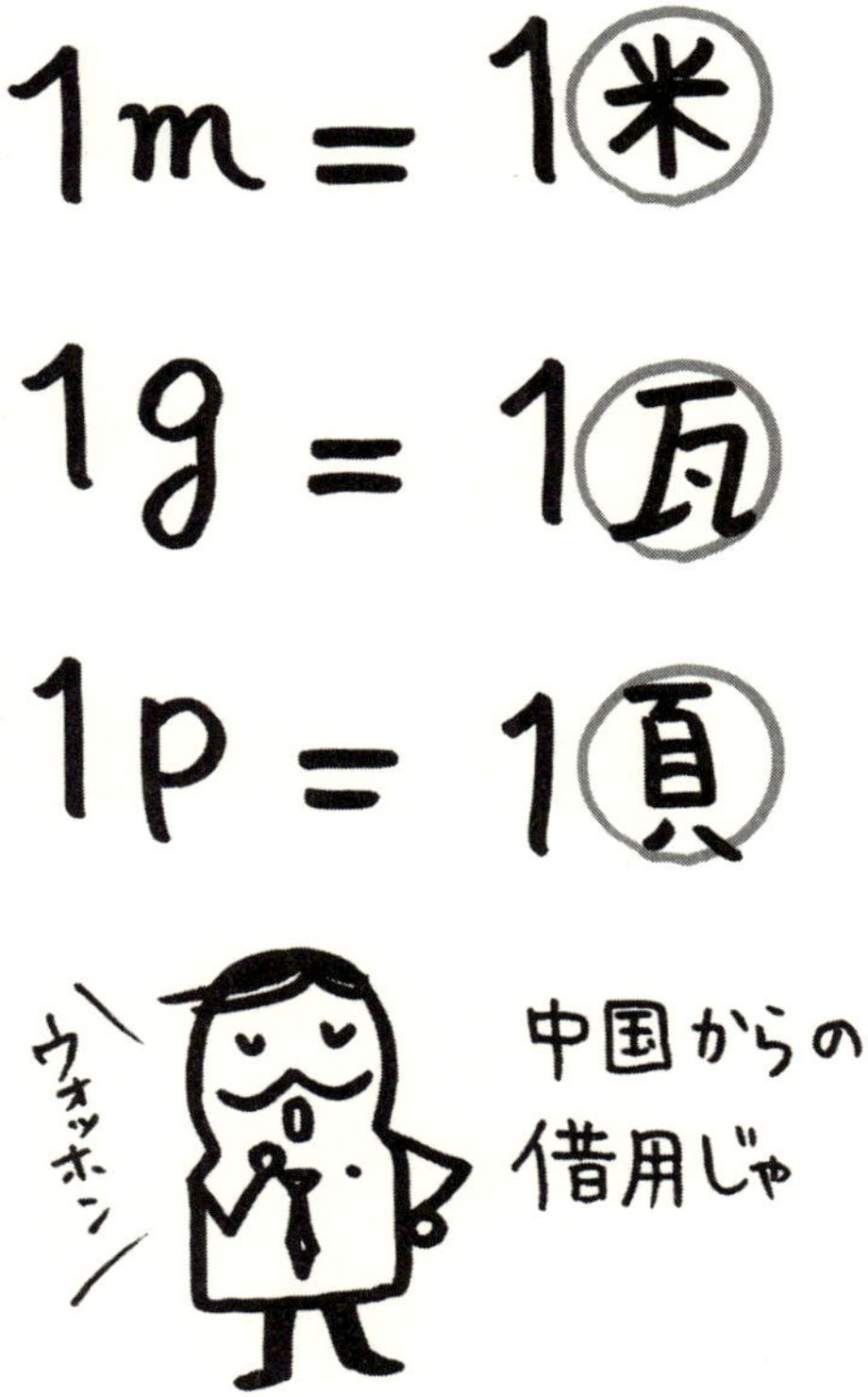
1m = 1米
1g = 1瓦
1p = 1頁
ウォッホン
中国からの
借用じゃ

なぜ船の名前に「丸」を付けるの？

船の形はけっして丸くはないけれど、なぜその名前に「丸」を付けることが多いの？

いろいろな説があるが、「丸」は「まろ（麿、麻呂）」が変化したというのが一般的。まろは、阿倍仲麻呂のように当初は人名に使われていた。これがなまって「丸」となり、「牛若丸」「日吉丸」のような名前も生まれた。さらに、「丸」は刀や愛用品、愛犬の名前にも使われるようになり、船にも使われるようになったらしい。

麿がなまって
丸になったんだね
コロ丸
ワン
五〇丸

「春日」と書いて、なぜ「かすが」と読む？

世界遺産の「春日大社」の春日は、なぜ「はるひ」じゃなくて「かすが」と読むの？

現在の奈良県にある「かすが」の地に対して、和歌の枕詞に「はるひ(春日)」が使われたため。「春日のかすが」といわれるようになり、やがて「かすが」の地名に「春日」が使われるようになった。地名の「飛鳥」も同様で、「あすか」に「飛ぶ鳥の」という枕詞が使われたため。

サラサラ
この土地の
枕詞
だった

「九十九」と書いて、なぜ「つくも」と読む？

九十九島のように、「九十九」と書いて「つくも」と読むことがあるけれど、これはなぜ？

一説によると、「つくも」は「つつも」が変化したことばといわれている。「つつ」は足りないという意味であり、「も」は「百」を示す。つまり、「百に足りない」という意味で「九十九」を「つつも」「つくも」というようになったというわけ。

また、水辺に生えるツクモという草が枯れてきた様子が、白髪のまじったぼうぼうとした老人の髪を思わせる。そして、「白」という漢字は、「百」の字から上の「一」を引いた形になっているため、百から一を引いた「九十九」をツクモと呼ぶようになったという説もある。

百(も)にひとつで
つくも？
100-1=99

「服部」と書いて、なぜ「はっとり」と読む？

「服部」さんという姓は、なぜ「ふくべ」じゃなくて「はっとり」と読むの？

古代の「はたおりべ（機織り部）」に由来している。「部」は古代の職能集団を示すことば。つまり、布を織る技能がある集団を指していた。そして、「機織りをして服をつくる」ので、「服部」と書いて、「はたおりべ」→「はとりべ」→「はっとり」と読むようになった。

はたおりべ

↓

服部

なぜ、漢数字の一〜三は横棒で、「四」からは違うの？

漢数字の「一」〜「三」は横棒の数で数字を表すのに、なぜ「四」からはそうじゃないの？

じつは、古代の漢字で4を表すのに横棒4本を使っていたこともあったが、しだいに今の字に統一された。確かに、10、20と横棒の数で表していったら大変。古代中国の笑い話の一つに、漢数字を教えてもらった子どもが「三」まで教えてもらったところで「漢字なんて簡単じゃないか」と家庭教師をクビにした。翌日、親から「万」さん宛の手紙を書くように言いつけられたところ、何時間たっても書き終わらなかったという話がある。

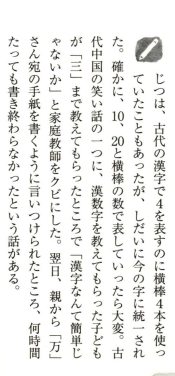

万さん
あと6597本

将棋の駒の「香車」や「桂馬」ってどんな車や馬のこと？

将棋のコマの「香車」や「桂馬」というのがよくわからない。「香りの車」ってどういう意味？

将棋の原型は古代インドにあるとされており、駒には「金」「銀」と並んで、貴重なものという意味で香料や香辛料を示す「香」や「桂」が使われたと考えられる。「香」は白檀、伽羅などの香木、「桂」は肉桂、月桂樹などが連想される。

香車
桂馬
貴重なものばかり
白檀
伽羅
肉桂.月桂樹

「大丈夫」というのは、人のことを指すの？

「……夫」ということばは、「漁夫」や「凡夫」のように人間を指すことが多いけれど、「大丈夫」も特定の人を指していたの？

古代中国で「丈夫」というのは、広く成人男性を指していた。当時の長さの単位の「1丈」が、ちょうど成人男性の背丈くらいだったため。そして、とくに大きくて健康な人を「大丈夫」と呼んでいた。それが日本に伝わり、やがて「とても元気」「間違いない」という意味に転じていった。

おお…
大丈夫!!

鍛冶屋の「冶」は、なぜさんずいの「治《じ》」じゃないの？

「鍛冶」は「かじ」と読むから、さんずいの「治」を使うのかと思っていたら、にすいの「冶」を使うんだとか。「冶」は「じ」とは読まないはずなのになぜ？

「鍛冶」とは、金属加工を意味する「たんや」という読みの熟語。一方、「かじ」というのは、同じ意味の「金《かね》打《う》ち」に由来することば。だから、「鍛冶」を「かじ」と読ませるのは当て字（熟字訓）。だから、「冶」を「じ」と読むわけではない。たまたま「冶」という漢字が、「じ」という読みの「治」と形が似ていたので間違いやすいのだ。

鍛冶《かじ》は金打《かねう》ちからきた当て字だよ

「寺」は役所のことだった⁉

「寺」という漢字は、「土」と「寸」が組み合わさっているけど、どういう意味が隠されているの？

「寸」は手を形どったもので「持つ」という意味。上にある「土」は、ここでは「とどまる」（止）こと。そこで、「法を持って（役人が）駐在する（場所）」という意味から、役所のことを表していた。それが、中国に仏教が伝来した紀元1世紀以降に、現在の寺の意味を指すようになった。

参考文献

『字通』白川静　平凡社
『漢語林』鎌田正、米山寅太郎　大修館書店
『古語大事典』中田祝夫　小学館
『日本語大辞典』梅棹忠夫、金田一春彦 他　講談社
『日本語源大辞典』前田富祺　小学館
『新明解語源辞典』小松寿雄、鈴木 英夫　三省堂
『大辞林』松村明　三省堂

青春文庫

虫《むし》じゃないのに
なぜ「蛙《かえる》」は虫《むし》へん？
日本人《にほんじん》なのに答《こた》えられない
漢字《かんじ》の謎《なぞ》

2015年12月20日　第1刷

編　　者　日本語研究会《にほんごけんきゅうかい》

発行者　小澤源太郎

責任編集　株式会社プライム涌光

発行所　株式会社青春出版社

〒162-0056　東京都新宿区若松町 12-1
電話 03-3203-2850（編集部）
03-3207-1916（営業部）
振替番号　00190-7-98602

印刷／大日本印刷
製本／ナショナル製本

ISBN 978-4-413-09635-5

驚きと発見の雑学帳
こんな「違い」があったのか!!
例えば、痩せたい時は「糖質ゼロ」?「カロリーゼロ」?

社長とCEO、和牛と国産牛…など、よく似ているけどビミョーに差があるアレとコレの違いを徹底解明!

話題の達人倶楽部［編］

(SE-624)

180°気持ちが変わる「ポジ語」図鑑

「現実逃避しがち」→「気分転換がうまい」など、一発変換!　ネガティブ感情から一瞬でぬけだす、すぐに使えるフレーズ集

話題の達人倶楽部［編］

(SE-625)

その英語ネイティブはハラハラします

日米ネイティブ・セイン先生による「日本人のキケンな英語」クリニック

デイビッド・セイン

(SE-626)

これを大和言葉で言えますか？［男と女編］
和の言い方なら、こんなに美しい

この世に男と女がいる限り、そこには恋が生まれ…古人が今に残してくれた、男と女の大和言葉696語を厳選!

知的生活研究所

(SE-627)

カーネギー、松下幸之助、ウォルト・ディズニー……
奇跡をつかんだ失敗の顚末

失意のどん底で彼らは何を考え、どう過ごし、いかに復活を遂げたのか。ドラマの裏側に迫る！

ライフ・リサーチ・プロジェクト［編］

（SE-628）

大切なモノだけと暮らしなさい
持つ・収める・手放すルール

処分するかどうか悩んだら、「いま、大切にできているか？」と考えてみましょう。片づけのプロが教える、心地よい生活

吉島智美

（SE-629）

その英語、ネイティブには失礼です

上から目線、皮肉屋、キレてると思われる…「誤解される英語」を、効果バツグンの英語とセットで紹介。

デイビッド・セイン

（SE-630）

今夜、肌のためにすべきこと
素肌がよみがえるシンプル・スキンケア

今夜、帰宅して、あなたは肌のためにどんなケアをしますか？　皮膚科医が明日のキレイをつくる方法をとことん伝授

吉木伸子

（SE-631）

ほんとうのあなたに出逢う　青春文庫

真田丸の顚末　信繁の武士道

中江克己

徳川家康に一度は切腹を覚悟させた「日本一《ひのもといち》の兵《つわもの》」の戦いぶりとその生き様とは！

（SE-632）

リバウンドしない収納の魔法

収納王子コジマジック

テレビや雑誌、セミナーなどで活躍中の収納王子が実践している片づけノウハウ。たった3ステップでみるみるキレイに！

（SE-633）

闇に消えた歴史の真相　暗黒の日本史

歴史の謎研究会［編］

そのとき、何が起きたのか？本能寺の変、坂本龍馬暗殺…「もうひとつの歴史」が明らかに！

（SE-634）

虫じゃないのになぜ「蛙《かえる》」は虫へん？　日本人なのに答えられない漢字の謎

日本語研究会［編］

木を囲むと、なぜ「困」る？「越（える）」「超（える）」の使い分けは？イラストでわかる漢字の「へえ〜」がいっぱい！

（SE-635）